BEI GRIN MACHT SICH IHR WISSEN BEZAHLT

- Wir veröffentlichen Ihre Hausarbeit,
  Bachelor- und Masterarbeit

- Ihr eigenes eBook und Buch -
  weltweit in allen wichtigen Shops

- Verdienen Sie an jedem Verkauf

Jetzt bei www.GRIN.com hochladen
und kostenlos publizieren

GRIN☺

Frank Mertz

Kollaborative Modellierung. Aktueller Forschungsstand, Ansätze und Methoden

GRIN Verlag

Bibliografische Information der Deutschen Nationalbibliothek:

Die Deutsche Bibliothek verzeichnet diese Publikation in der Deutschen National-
bibliografie; detaillierte bibliografische Daten sind im Internet über http://dnb.d-
nb.de/ abrufbar.

Impressum:

Copyright © 2013 GRIN Verlag GmbH
Druck und Bindung: Books on Demand GmbH, Norderstedt Germany
ISBN: 978-3-656-85644-3

GRIN - Your knowledge has value

Der GRIN Verlag publiziert seit 1998 wissenschaftliche Arbeiten von Studenten, Hochschullehrern und anderen Akademikern als eBook und gedrucktes Buch. Die Verlagswebsite www.grin.com ist die ideale Plattform zur Veröffentlichung von Hausarbeiten, Abschlussarbeiten, wissenschaftlichen Aufsätzen, Dissertationen und Fachbüchern.

Besuchen Sie uns im Internet:

http://www.grin.com/

http://www.facebook.com/grincom

http://www.twitter.com/grin_com

FernUniversität in Hagen

Fakultät für Wirtschaftswissenschaften

**Lehrstuhl für Betriebswirtschaftslehre, insbes.
Entwicklung von Informationssystemen**

Seminararbeit zum Thema

Kollaborative Modellierung

Seminar: Wirtschaftsinformatik

Name: Frank Mertz

Studiengang: M.Sc. Wirtschaftsinformatik Teilzeit

Semesterbeginn: 01.10.2013

Inhaltsverzeichnis

Abbildungsverzeichnis

Abkürzungsverzeichnis

CSCL..............................Computer Supported Collaborative Learning

GMB.............................. Group Model Building

GP.............................. Geschäftsprozess

GPM............................ Geschäftsprozessmanagement

IKS.............................. Informations- und Kommunikationssystem

KM.............................. Kollaborative Modellierung

PSM.............................. Problem Structuring Methods

UML.............................. Unified Modeling Language

1 Einleitung

1.1 Motivation und Zielsetzung

Das Thema Kollaborative Modellierung (KM) ist bereits seit den 70er Jahren eine Forschungsthematik im Rahmen des Geschäftsprozessmanagements (GPM) (Renger, Kolfschoten und de Vreede 2009, S. 62). Als fächerübergreifender Ansatz ist KM aber auch im Bereich des Computer Supported Collaborative Learnings (CSCL) (Wessner 2001) und im Bereich der Softwareentwicklung zu finden (Karle 2012) (Bartelt 2011).

Die Entwicklung des KM erfolgte aus der zunehmenden Notwendigkeit heraus, sich den Herausforderungen von komplexen, verflochtenen und unternehmens-/fachbereichsübergreifenden Aufgaben stellen zu müssen. Sehr deutlich wird diese Herausforderung bei der aus betriebswirtschaftlichen Gründen getriebenen Entwicklung des Supply Chain Managements, welches eine starke Integration einzelner Unternehmensteile (Einkauf, Produktion und Vertrieb) sowie unterschiedlicher Unternehmen herstellt, um Wertschöpfungsnetzwerke zu generieren, welche heutzutage im internationalen Wettbewerb einen wesentlichen Wettbewerbsvorteil darstellen (Becker, Janiesch und Pöppelbuß 2008, S. 813) (Staud 2006, S. 16). Bedingt durch die zunehmende Komplexität einzelner Prozesse und auch die Zunahme von abteilungs- sowie unternehmensübergreifender Aufgaben ergibt sich die Notwendigkeit, diese Aufgaben nicht nur durch einen Experten bearbeiten zu lassen, sondern diese zusammen in einer Gruppe von Experten zu bearbeiten. Die Zielsetzung der KM ist des Weiteren ein gemeinsames Verständnis von unternehmensübergreifenden Geschäftsprozessen (GP) zu unterstützen (Fettke, Loos, et al. 2011, S. 379). Überwiegend wird dies mittels einer grafikbasierten Darstellung des GP bzw. des GP-Systems umgesetzt. Auch die gemeinsame Erarbeitung von Artefakten kann das Ziel einer KM sein (Renger, Kolfschoten und de Vreede 2009, S. 62).

Ziel dieser Arbeit ist die zusammenfassende Darstellung des gegenwärtigen Forschungsstandes zur KM. Hierzu werden im Rahmen einer Literaturrecherche die vorhandenen Ansätze und Methoden identifiziert und vorgestellt. Anschließend werden diese dann anhand eines expliziten Bezugsrahmens strukturiert beschrieben und systematisiert.

1.2 Inhalt und Aufbau

Im folgenden Kapitel werden die fachlichen Grundlagen für die Erstellung des Bezugsrahmens erläutert. Es werden die Themen KM (vgl. Abschnitt 2.1), Geschäftsprozessmodellierung (vgl. Abschnitt 2.2) sowie Kooperation und Kollaboration (vgl. Abschnitt 2.3) dargestellt. Anschließend wird kurz die Methodik der Literaturrecherche dargestellt (vgl. Abschnitt 3.1) um anschließend die identifizierten Ansätze bzw. gruppierten Ansätze der KM vorzustellen (vgl. Abschnitt 3.2 ff.). Im Kapitel 4 wird der Bezugsrahmen zur Beschreibung und Systematisierung der identifizierten Ansätze der KM erarbeitet. Hierbei wird auf die in Kapitel 2 dargestellten fachlichen Grundlagen zurückgegriffen. Abgeschlossen wird die Arbeit durch eine zusammenfassende Darstellung sowie das Aufzeigen von zukünftigen Forschungspotentialen in diesem Gebiet (vgl. Anschnitt 5).

2 Grundlagen

2.1 Begriffsverständnis der Kollaborativen Modellierung

Die KM stellt einen Prozess dar, bei der mehrere Personen aktiv an der Erstellung eines gemeinsamen Artefakts oder eines Modells mitwirken. Hierbei kann die KM synchron aber auch asynchron, lokal oder disloziert erfolgen. Auch die Intensität der Mitarbeit kann von einfachen Feedback hin zur Erstellung eines Vorschlages für ein Model variieren (P. Rittgen 2009, S. 1).

Abstrahiert betrachtet ist KM die gemeinsame Erstellung eine Modells (Renger, Kolfschoten und de Vreede 2009, S. 62).

Auf diesem Begriffsverständnis basieren die folgenden Ausführungen. Das Thema Modellierung soll hier am Beispiel der GPM erläutert werden (vgl. Abschnitt 2.2). Anschließend wird auf die Art und die Form der Zusammenarbeit (vgl. Abschnitt 2.3) eingegangen. Beide Themen stellen eine wesentliche Grundlage zum inhaltlichen Verständnis der KM dar.

2.2 Geschäftsprozessmodellierung

Es existiert eine Vielzahl an unterschiedlichen Methoden zur Modellierung von GP, dem Gegenstand der GPM. Hier lassen sich grundsätzlich formale und auch semi-formale Modellsysteme unterscheiden. Formale Modelle haben den Vorteil, eine sehr hohe Präzision zu erreichen, welche jedoch auch detaillierte Methodenkenntnisse voraussetzen. Folglich ist es nicht jeder Person ohne spezifische Vorkenntnisse möglich, diese Methoden unmittelbar zu verstehen und anzuwenden (Gadatsch 2012, S. 64). Semi-formale Modelle sind insbesondere für komplexe Systeme gut geeignet und können u.a. durch Graphen visuell dargestellt werden (Ferstl und Sinz 2008, S. 138). Semi-formale Modelle können zudem eine ausreichende Systematisierung vorweisen und zeichnen sich gleichzeitig durch eine gute Lesbarkeit aus. Daher sind diese wesentlich einfacher von Personen ohne spezifische Vorkenntnisse zu verstehen und anzuwenden.

Bevor nun kurz auf die wesentlichen und für die weitere Arbeit wichtigen Aspekte der GPM eingegangen wird, soll hier noch die Definition von GP für das gemeinsame Begriffsverständnis erfolgen:

„Ein Geschäftsprozess besteht aus einer zusammenhängenden abgeschlossenen Folge von Tätigkeiten, die zur Erfüllung einer betrieblichen Aufgabe notwendig sind. Die Tätigkeiten werden von Aufgabenträgern on organisatorischen Einheiten unter Nutzung der benötigten Produktionsfaktoren geleistet. Unterstützt wird die Abwicklung der Geschäftsprozesse durch das Informations- und Kommunikationssystem IKS des Unternehmens.“ (Staud 2006, S. 9)

Die wesentliche Erkenntnis für die weitere Arbeit ist, dass ein GP und damit die GPM nicht alleine von einem Modellierer oder Analysten durchgeführt werden kann. Deutlich erkennbar ist, dass neben Kenntnissen der betrieblichen Aufgabe und der einzelnen Tätigkeiten auch Kenntnisse über das IKS des Unternehmens notwendig sind. Schon alleine durch das Begriffsverständnis des GP ergibt sich die Notwendigkeit einer Kollaboration mehrerer Personen, die jeweils ihre individuelle fachliche Perspektive in die GPM einbringen.

Aufbauend auf der Definition des GP können nun im Folgenden die Ziele der GPM dargestellt werden. Zunächst ist es das Ziel der GPM, die GP im Rahmen einer Bestandsaufnahme (IST-Analyse) festzuhalten und zu dokumentieren und mit den angedachten GP zu vergleichen. Hierdurch lassen sich Abweichungen vom angedachten GP feststellen und korrigieren. Ebenfalls besteht die Möglichkeit durch die GPM gezielt Schwachstellen im GP zu identifizieren und zu beheben (Staud 2006, S. 17). Häufig ist bereits eine strukturierte Darstellung eines GP ausreichend, um einfache Schwachstellen wie unnötige Medienbrüche oder Redundanzen aufzudecken. Erkennbar wird hierbei, dass neben den prozessspezifischen Kenntnissen im Rahmen der Bestandsaufnahme auch ein hohes Maß an analytischen Fähigkeiten notwendig ist, vor allem bei der Durchführung einer Schwachstellenanalyse.

Ergänzend sei hier anzumerken, dass KM nicht nur im Rahmen der GPM sondern auch in anderen Bereichen (CSCW, Softwareentwicklung, etc.) Anwendung findet und als Konzept fächerübergreifend ist.

Auf eine weitere Darstellung von konkreten Modellierungsmodellen wird verzichtet, da diese modellspezifischen Besonderheiten für die weiteren Ausführungen keine Relevanz haben.

2.3 Kollaboration versus Kooperation

„Ich bin gut – wir sind besser" (Bornemann 2011, S. 224) ist eine These die immer dann Ihre Gültigkeit beweist, wenn es die Komplexität einer Aufgabenstellung verlangt, dass multiperspektivische Blicke notwendig sind und somit die Aufgabe in der Regel nur im Team und nicht im Alleingang gelöst werden kann (Bornemann 2011, S. 224). Gerade bei der GPM ist umfangreiches Wissen erforderlich, welches in der Regel nur durch das Zusammenführen ausgewählter Personen erreicht werden kann (Galler 1997, S. 87). Hinzu kommt, dass neben dem Wissen über die einzelnen fachlichen Unternehmensbereiche (z.B. Vertrieb bei einem Vertriebsprozess) auch noch tiefgreifende analytische Fähigkeiten notwendig sind und sogar zunehmend wichtiger werden (Renger, Kolfschoten und de Vreede 2009, S. 62). Daher ergibt sich die Notwendigkeit für die KM, die möglichen Formen und Arten der Zusammenarbeit innerhalb einer Gruppe genauer zu verstehen.

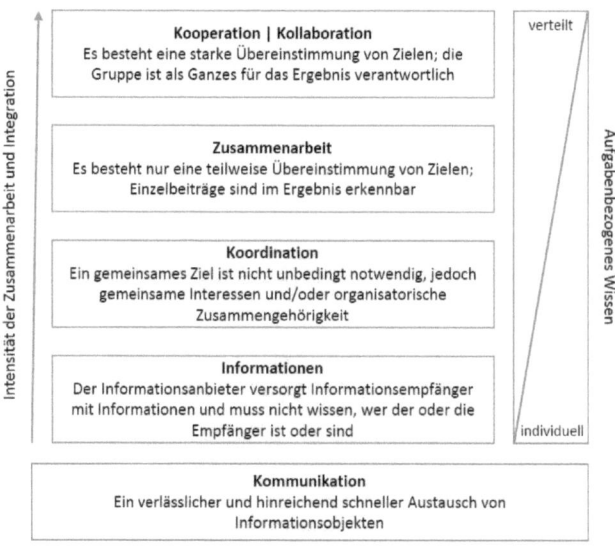

Abbildung 2.1: Ebenen der Zusammenarbeit
Quelle: in Anlehnung an (Teufel, et al. 1995, S. 26)

Wie in der Abbildung 2.1 dargestellt, stellt die Kooperation bzw. die Kollaboration die intensivste Form der Zusammenarbeit dar. Im deutschsprachigen Raum werden bzgl. der Form der Zusammenarbeit die Begriffe Kollaboration und Kooperation in der Regel annähernd synonym verwendet (Haake, Schwabe und Wessner 2012, S. 1). Im englischen Sprachraum sind beide Begriffe auch im sprachlichen Gebrauch klar voneinander abgrenzbar. Demnach steht beim kooperativen Arbeiten ein Arbeitsprozess im Vordergrund, der durch eine starke Funktions- und Arbeitsteilung vorstrukturiert ist. Kollaboratives Arbeiten hingegen stellt sich als eine „enge, unmittelbar auf geringere Arbeitsteilung basierende Zusammenarbeit" dar (Arnold 2003, S. 33). Andere, im Inhalt und in der Abgrenzung aber ähnliche Definitionen (Bornemann 2011, S. 77), können verwendet werden, um im Folgenden ein klares Begriffsverständnis bzgl. der Kollaboration herauszuarbeiten.

Demnach handelt es sich bei einer kooperativen Zusammenarbeit um die Bearbeitung von individuellen Teilaufgaben, welche im Ergebnis zu einem Arbeitsergebnis zusammengefügt werden. Synergien sind dabei möglich aber kein notwendiges Kriterium (Bornemann 2011, S. 77). Eine kollaborative Zusammenarbeit stellt hingegen einen synchronen oder auch asynchronen Prozess der konstruktiven Wissensgenerierung von mehreren beteiligten Personen dar (Bornemann 2011, S. 77).

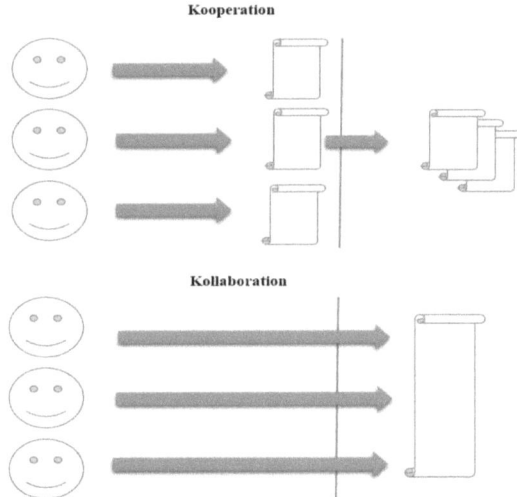

Abbildung 2.2: Kooperation und Kollaboration
Quelle: in Anlehnung an (Bornemann 2011, S. 78)

Klar ist, dass basierend auf dem im Abschnitt 2.1 dargestellten Begriffsverständnis bei der KM in erster Line die kollaborative Arbeitsweise eine Rolle spielt, wobei in Teilarbeitsschritten auch kooperative Zusammenarbeit praktiziert werden kann. Eine Kollaboration kann als integrativere Art der Kooperation verstanden werden, wobei das gemeinsame Arbeitsergebnis das integrierende Element darstellt.

Neben der Art der Zusammenarbeit spielt auch die Form der Zusammenarbeit eine wesentliche Rolle bei der KM. Wie bereits in Abschnitt 2.1 dargestellt, kann die KM synchron aber auch asynchron, lokal oder disloziert erfolgen. Es müssen daher vor allem an die Kommunikation und die Koordination der KM hohe Anforderungen gestellt werden, um im Ergebnis überhaupt eine erfolgreiche kollaborative Zusammenarbeit ermöglichen zu können.

Die Kommunikation gilt als Voraussetzung für eine Kooperation und in noch stärkerer Weise auch für die Kollaboration (Galler 1997, S. 97) (Teufel, et al. 1995, S. 11). Ebenso spielt die Koordination der laufenden Aktivitäten - gerade bei asynchroner Kollaboration - eine wichtige Rolle, um die bei Modellierungsaufgaben typischen wechselseitigen Abhängigkeiten der Aktivitäten zu steuern und zu kontrollieren (Galler 1997, S. 97). Der Zusammenhang zwischen diesen drei Dimensionen wird in dem 3K-Modell (vgl. Abbildung 2.3) dargestellt, welches hier bzgl. der ursprünglichen Dimension Kooperation hin zu Kollaboration modifiziert wurde. Hierbei stellt die Kommunikation die Basis für Koordination sowie Kollaboration dar (Bartelt 2011, S. 38). Innerhalb der Abbildung können verschiedene Techniken und Methoden entsprechend ihrem inhaltlichen Schwerpunkt platziert werden.

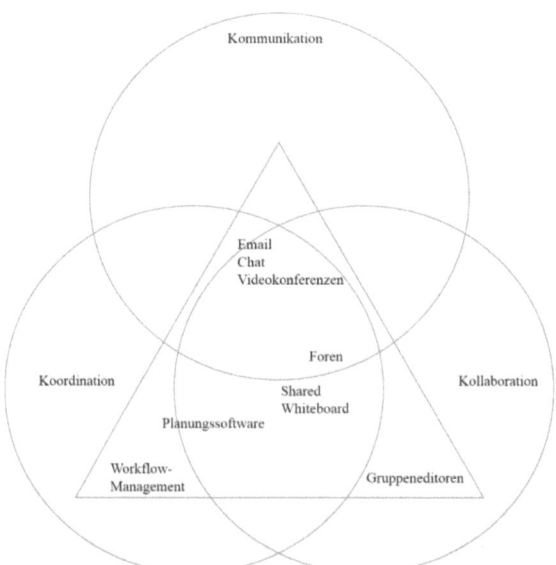

Abbildung 2.3: 3K Modell
Quelle: in Anlehnung an (Teufel, et al. 1995, S. 27)

Unabhängig von der konkreten Methode zur KM ergibt sich aus dem oben dargestellten 3K Modell, dass jeder ganzheitliche und umfassende KM-Ansatz Techniken für die Kommunikation, die Koordination und die Kollaboration anbieten muss, um im Ergebnis auch einen ganzheitlichen Ansatz darzustellen.

3 Darstellung des Forschungsstandes zur kollaborativen Modellierung

3.1 Darstellung der Vorgehensweise im Rahmen der Literaturrecherche

In dieser Arbeit wird der gegenwärtige Forschungsstand zur KM auf der Grundlage einer umfassenden und systematischen Literaturstudie dargestellt.

Die Literaturstudie umfasste dabei die folgenden Datenbanken:

- Universitätsbibliothek der FernUniversität in Hagen (inkl. aller über die Suche der Universitätsbibliothek eingebundenen Datenbanken)
- IEEE Explorer
- ACM Portal
- Google Scholar

Zur Suche wurden die Stichworte Collaborative Modeling, Collaborative Design, kooperative Modellierung und Open Models in einem ersten Schritt gewählt. Basierend auf den Treffern wurde weiter nach Autoren oder verwandten Stichworten gesucht. Aufgrund der Vielzahl von relevanten Arbeiten, gerade auch in angrenzenden Bereichen wie dem Computer Supported Collaborative Learning (CSCL), wird im Folgenden nur eine repräsentative Auswahl von Ansätzen vorgestellt. Gleichfalls werden vergleichbare Ansätze zusammenfassend dargestellt. Hierbei wird eine in Bezug auf die Gruppierung analoge, im Detail jedoch erweiterte, Gruppierung wie bei Renger vorgenommen (Renger, Kolfschoten und de Vreede 2009).

3.2 Problem Structuring Methods

Unter dieser Überschrift werden Methoden erfasst, welche Probleme und Thematiken strukturieren und somit durch die konkrete Beschreibung des Problems die Lösungsfindung unterstützen können (Rosenhead und Mingers 2001, S. XIII). Bekannte Methoden aus diesem Bereich sind: Soft Systems Methodology (SSM), Strategic Choice (SC) und Strategic Options Development and Analysis (SODA) (Eden und Ackermann 2006, S. 766) (Renger, Kolfschoten und de Vreede 2009, 63). Die Methoden haben die folgenden Ähnlichkeiten im Ansatz, welche auch die hier dargestellte Zusammenfassung begründen:

- Sie benutzen ein Modell, welches mit Daten angereichert ist, die spezifisch für die Problemsituation sind (Abgrenzung zu konzeptionellen Modellen).
- Das Modell beinhaltet Ansätze, mit der die Produktivität der Gruppe verstärkt werden soll, d.h. alle Gruppenmitglieder sollen sich mit einer ähnlichen Intensität einbringen bzw. beteiligen.
- Das Moderieren erfolgt unter Berücksichtigung der Machtverteilung und der Gruppendynamik zur Unterstützung einer effektiven Gruppenarbeit.
- Die Anerkennung der wichtigen Fähigkeit zu Moderieren als unterstützende Tätigkeit bei der effektiven Modellierung der Problemkonstellation sowie beim Erreichen von Einigungen (Eden und Ackermann 2006, S. 766 - 767).

Entscheidend ist bei diesen Methoden, dass sie - auch wenn die Überschrift des Abschnittes dieses nahelegt - nicht nur Probleme strukturieren, sondern vor allem durch die strukturierte Aufarbeitung aller Aspekte eines Problems - d.h. vor allem das Erfassen aller individueller Perspektiven der einzelnen Gruppenmitglieder – eine entscheidungsunterstützende Wirkung haben. Erst durch die vollständige Erfassung aller relevanten Aspekte kann das tatsächliche Problem identifiziert werden und eine von der Gruppe gestützte Lösung gefunden werden. Die dargestellten Ansätze werden auch unter dem Begriff „Soft OR" (Operational Research) zusammengefasst (Beasley kein Datum).

3.3 Group Model Building

Unter der Methode „Group Model Building" (GPM) lassen sich verschiedene Techniken zusammenfassen, welche es ermöglichen, direkt in Gruppen dynamisch und interaktiv Modelle zu entwickeln. Hierbei werden u.a. moderierte persönliche Treffen verwendet um eine Gruppe von Personen direkt in die Modellentwicklung einzubinden (Andersen, et al. 2007, S. 1). Es lassen sich hier unter anderen die folgenden Ansätze identifizieren:

- "(1) The Reference Group approach (Stenberg 1980),
- (2) the Strategic Forum (Richmond 1997),
- (3) the stepwise approach (Wolstenholme 1992),
- (4) modelling as learning (Lane 1992),
- (5) strategic dynamics (Warren 1999; 2002; 2005), and
- (6) the "standard method" of Hines (Otto & Struben 2004)" (Andersen, et al. 2007, S. 2)

Eine genaue Analyse, vor allem in Hinblick auf die in Abschnitt 3.2 genannten Kriterien, der oben dargestellten Methoden ergibt, dass GPM ebenfalls eine problemstrukturierende Methode ist, hier jedoch der Schwerpunkt auf der Technik zur Modellierung liegt (Andersen, et al. 2007, S. 2). Ein integrierter Bestandteil des GPM ist des Weiteren die Systemdynamik, d.h., direkt am Modell können Entscheidungen und Änderungen sowie deren Auswirkungen auf das Modell simuliert werden. Durch die Verwendung dieser Methode kann vor allem im Bereich der strategischen Entscheidungsanalyse zusammen mit allen Teilnehmern nicht nur ein Problem definiert werden, sondern auch eine mögliche Lösung direkt am Modell simuliert werden. Überdies ist GPM eine sehr flexible Methode, da unterschiedliche Vorgehensweisen bzw. Ablaufreihenfolgen verwendet werden können, um eine an die konkrete Situation angepasste Vorgehensweise erarbeiten zu können (Anderson und Richardson 1997, S. 117).

3.4 Enterprise Analysis

Diese Methode fokussiert sich im Wesentlichen auf die gemeinsame Erstellung und Bearbeitung eines Modells, weniger auf die Problemdefinition und Entscheidungsunterstützung (Renger, Kolfschoten und de Vreede 2009, S. 64). Zu dieser Gruppe gehört eine Vielzahl von Techniken, welche auch im Bereich der kollaborativen Softwareentwicklung zu finden sind bzw. ihre Wurzeln dort haben (Bartelt 2011).

Exemplarisch sollen hier das Viewpoint-Konzept (Krumeich, Werth und Loos 2013) und das COMA Werkzeug (P. Rittgen 2009) kurz dargestellt werden.

Das Viewpoint-Konzept geht auf den sog. Multiview-Ansatz zurück, welcher in einem bereits 1985 veröffentlichen Aufsatz (Wood-Harper, Antill und Avison 1985) dargestellt wurde und damals noch auf den Einsatz bei der Unterstützung der Entwicklung von computergestützten Informationssystemen abzielte (Krumeich, Werth und Loos 2013, S. 1263). Im Kern stellt es eine Aufteilung der Modellierungsaufgaben auf eine Gruppe von Personen dar, welche gleichzeitig oder zumindest parallel an einem gemeinsamen Modell arbeiten. Dabei steht jedem Bearbeiter nur eine bestimmte Sicht auf das Modell zur Verfügung, um die Komplexität des Modells zu reduzieren (Krumeich, Werth und Loos 2013, S. 1262). Vergleichbar ist dieses Konzept mit einem modernen Datenbanksystem, welches dem Benutzer auch spezifische Sichten bieten kann, um Komplexität zu reduzieren und nur kontextbezogene Informationen darzustellen.

Das COMA (COllaborative Modelling Architecture tool) Werkzeug koordiniert im Wesentlichen die UML Modellierung innerhalb von Gruppen (P. Rittgen 2008, 61) und bietet die folgenden Funktionalitäten hierfür an:

- „Create/change an individual model
- Discuss a proposal
- Propose a new/changed individual model to the group
- Comment on a proposal
- Vote on/assess a proposal
- Discuss an unclear issue
- Decide on a group model (new version)
- Merge proposals
- Discuss use of modeling language
- Reuse parts of a proposal/version" (P. Rittgen 2009, S. 5)

Wichtig ist, dass dieses Werkzeug nicht nur die Modellierung an sich unterstützt, sondern auch die Kommunikation und Koordination innerhalb der Gruppe. Beides stellen wesentliche Dimensionen zur Unterstützung einer kollaborativen Arbeitsweise dar (vgl. Abschnitt 2.3).

4 Bezugsrahmen zur Untersuchung des Forschungsstandes im Bereich der kollaborativen Modellierung

Im Rahmen dieses Kapitels wird der Bezugsrahmen zur Beschreibung und Systematisierung der identifizierten Ansätze der KM erarbeitet. Hierbei wird auf die in Kapitel 2 dargestellten fachlichen Grundlagen zurückgegriffen. Anschließend werden die in Kapitel 3 dargestellten Ansätze strukturiert beschrieben und systematisiert.

4.1 Entwicklung des Bezugsrahmens zur Analyse der Ansätze innerhalb der kollaborativen Modellierung

Wie bereits im Abschnitt 2.3 dargestellt, muss ein ganzheitlicher Ansatz zur KM alle Dimensionen des 3K-Modells (vgl. Abbildung 2.3) adressieren, um als ganzheitlich betrachtet zu werden. Aus diesem Grund wird das 3-K Modell auch die Grundlage für den im Folgenden dargestellten Bezugsrahmen bilden. Die im Kapitel 3 dargestellten bereits gruppierten Ansätze werden dabei in den Referenzrahmen eingeordnet.

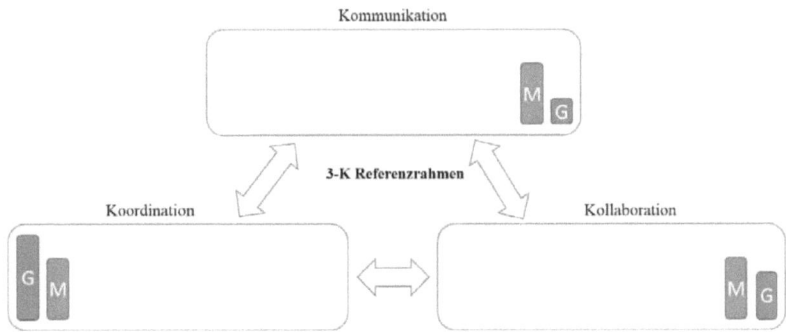

Abbildung 4.1: 3K Referenzmodell
Quelle: eigene Abbildung

Hierbei sollen nicht nur vorhandene Techniken oder Methoden der einzelnen Dimensionen erfasst und dargestellt werden, es sollen auch die integrierenden Schnittstellen der Ansätze dargestellt werden. Diese werden durch die blauen Pfeile in dem Referenzrahmen dargestellt.

Wichtig ist im Weiteren auch die Zugänglichkeit des Ansatzes. Wie bereits erläutert, werden im Rahmen der KM verschiedene Personen mit unterschiedlichen fachlichen Hintergründen zusammenarbeiten müssen, um eine gemeinsame Aufgabe zu bewältigen. Ein komplizierter Ansatz, mit großem individuellen Einarbeitungsaufwand (z.B. Erlernen einer Modellierungssprache) oder auch einer komplizierten Kommunikationstechnik erschwert es den einzelnen Gruppenmitgliedern, sich auf das gemeinsame Arbeitsergebnis und auf ihren individuellen Beitrag zu konzentrieren. Dies führt im schlimmsten Fall dazu, dass der Ansatz von den Gruppenmitgliedern abgelehnt wird, so dass keine (erfolgreiche) Zusammenarbeit stattfindet. Der Einarbeitungsaufwand der Gruppenmitglieder wird im Rahmen des Referenzmodells nicht total sondern in Referenz zu den anderen Ansätzen dargestellt. Im Referenzrahmen wird der Einarbeitungsaufwand in jeder Dimension mittels eines blauen Balkens (G) dargestellt. Ebenfalls wird im

Referenzmodell der Anspruch an die Rolle des Moderators, welche abhängig vom gewählten Ansatz von zentraler Bedeutung ist, mittels eines orangenen Balkens (M) dargestellt.

4.2 Analyse der unterschiedlichen Ansätze der kollaborativen Modellierung

Die Ansätze aus dem Bereich Problem Structuring Methods (PSM) fokussieren sich stark darauf, ein Problem vollständig und möglichst genau zu beschreiben und zu erfassen. Diese Beschreibung und Erfassung erfolgt mittels eines speziellen mit problemspezifischen Daten angereicherten Modells. Die Kollaboration erfolgt durch moderierte Gruppenarbeit. Auch das Führen von Einzelinterviews zur Erstellung von sogenannten kognitiven Karten in SODA (Beasley kein Datum) wird durchgeführt. Deutlich wird, dass diese Ansätze vor allem auf die synchrone sowie lokale KM ausgerichtet sind. Neben dem Modell hat der Moderator eine zentrale Rolle. Er muss sicherstellen, dass jedes Gruppenmitglied alle aus seiner Perspektive wichtigen Aspekte zur Beschreibung des Problems einbringt und gleichzeitig die Koordination der Kollaboration sowie einen Großteil der Kommunikation übernehmen. Daraus ergibt sich, dass der Moderator und dessen Fähigkeiten kritisch für den Erfolg der KM sind. Vorteilhaft ist, dass der Moderator auch das Modell erstellt und somit die Gruppenmitglieder dort entlastet werden und sich vollständig auf ihre Rolle konzentrieren können. Ihre Rolle besteht darin, alle wichtigen Informationen zu liefern, die zur vollständigen Beschreibung des Problems notwendig sind.

Aus den hier dargestellten Aspekten ergibt sich die folgende Einordnung der Problem Structuring Methods in den erstellten 3K-Referenzrahmen.

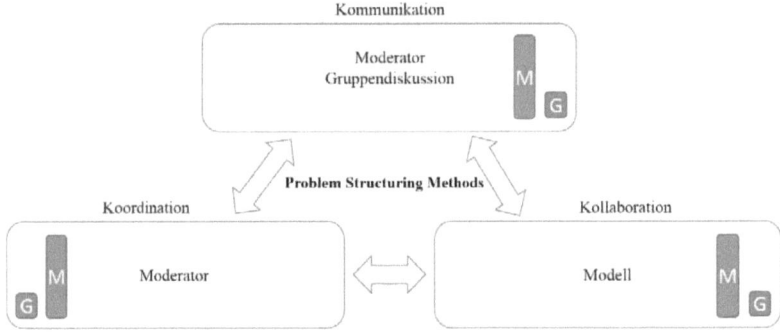

Abbildung 4.2: 3K-Referenzmodell für PSM
Quelle: eigene Abbildung

Der geringe Einarbeitungsaufwand der anderen Gruppenmitglieder lässt sich im Wesentlichen damit begründen, dass der Moderator fast vollständig die Kommunikation und die Koordination übernimmt. Ebenfalls wird das Modell vom Moderator erstellt und weiterentwickelt. Entsprechend hoch ist Anspruch an den Moderator.

GPM ist im Prinzip auch ein PSM, konzentriert sich jedoch viel stärker darauf, direkt in einer Gruppe ein Modell zu erstellen und weiterzuentwickeln. Durch diese Vorgehensweise wird der Moderator teilweise entlastet, da mehr Aufgaben und Verantwortung von den Gruppenmitgliedern übernommen werden. Auch bietet die Systemdynamik den Vorteil, dass Entscheidungen direkt am Modell bzgl. ihrer Auswirkungen geprüft werden können. Durch dieses direkte Feedback erhöht sich die Teilnahmebereitschaft der Gruppenmitglieder, da Ideen und Vorschläge direkt am Modell verifiziert werden können (Renger, Kolfschoten und de Vreede 2009, S. 72). Auch dient die gemeinsame Arbeit direkt am Modell dem Koordinieren der Gruppe (Andersen, et al. 2007, S. 5). Es erhöht sich jedoch auch seitens der Teilnehmer der Einarbeitungsaufwand, da mehr Kenntnisse bzgl. der Modellentwicklung vorhanden sein müssen. Eine Unterstützung durch den Moderator ist zwar nach wie vor gegeben, doch die direkte Arbeit am Modell setzt gewisse Kenntnisse voraus.

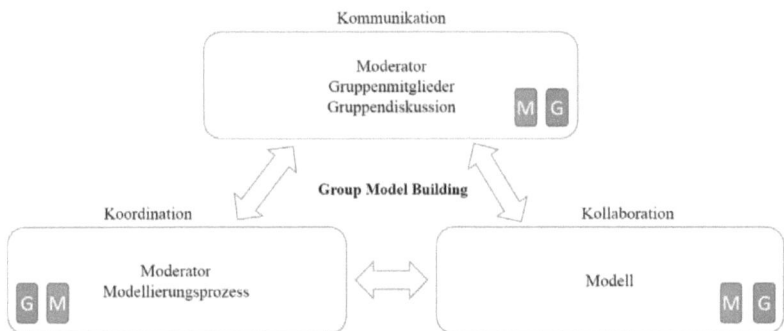

Abbildung 4.3: 3K-Referenzmodell für GMB
Quelle: eigene Abbildung

Auch ermöglich es die weniger zentrale Rolle des Moderators auch Techniken zu wählen, die dislozierte KM ermöglichen. So können z.B. Gruppenmitglieder Teilaufgaben im Rahmen der Modellierung übernehmen, ohne dass zwingend eine Moderation notwendig ist. Denkbar ist auch eine asynchrone Bearbeitung des Modells, sofern eine geeignete Technik zur Koordination dieser parallelen Bearbeitung verwendet wird.

Enterprise Analysis konzentriert sich stark auf die gemeinsame Erstellung und die Bearbeitung eines Modells. Folgerichtig steht bei den entsprechenden Ansätzen meist eine Softwarelösung oder ein Werkzeug im Mittelpunkt, welches alle drei Dimensionen des Referenzrahmens in ihrem Funktionsumfang abbildet. So kann das COMA Werkzeug, Bezug nehmend auf den im Abschnitt 3.4 dargestellten Funktionsumfang, sämtliche Aufgaben im Bereich Kommunikation und Koordination übernehmen, um die Kollaboration an einem gemeinsamen Modell zu ermöglichen. Grundsätzlich wird auf diese Art und Weise durch eine Softwarelösung ein stark integrierter Ansatz angeboten, welcher auch die synchrone oder asynchrone KM, ebenso wie die lokale oder dislozierte KM unterstützen kann. Gleichfalls übernimmt die Softwarelösung bzw. das Werkzeug weitestgehend auch die Rolle des Moderators, sodass diese hier nur noch optional besetzt werden muss um z.B. in Konfliktsituationen zu vermitteln und ggf. zu entscheiden. Problematisch ist bei der Verwendung einer Softwarelösung bzw. eines Werkzeuges der hohe Einarbeitungsaufwand seitens der Gruppenmitglieder. Dieser Einarbeitungsaufwand wird zum einen durch den Aufwand des Erlernens der Software bestimmt und zum anderen durch den Aufwand des Erlernens - der Modellierungssprache - sofern das Wissen noch nicht vorhanden ist. Dieser hohe Aufwand, gerade auch die analytischen Fähigkeiten, die notwendig sind, komplexe Modelle zu durchdringen, versuchen Ansätze wie z.B. Viewpoint durch das Arbeiten mit Sichten zu reduzieren. Sichten stellen einen individuellen Modellausschnitt dar, welcher einem bestimmten Gruppenmitglied präsentiert wird. Der Rest des Modells bleibt verborgen und im Ergebnis reduziert sich somit die Komplexität. Die Anforderungen an eine derartige Software sind hoch und vor allem kann die auf Sichten basierte Verteilung von Informationen zu Problemen führen, wenn dem Gruppenmitglied unbeabsichtigter Weise wesentliche Informationen vorenthalten werden.

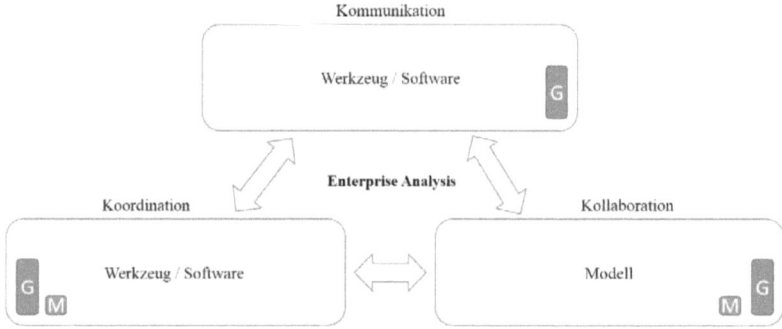

Abbildung 4.4: 3K-Referenzmodell für Enterprise Analysis
Quelle: eigene Abbildung

Es lässt sich zusammenfassend darstellen, dass alle untersuchten Ansätze ganzheitliche Ansätze des KM sind, da jeder Ansatz alle drei Dimensionen abdeckt. Eine Integration der Dimensionen erfolgt regelmäßig über das zu erstellende Modell. Oder anders formuliert, ohne Kommunikation und Kooperation wäre die Erstellung eines gemeinsamen Modells nicht möglich (vgl. Abschnitt 2.3). Größere Unterschiede lassen sich im Anforderungsprofil der Gruppenmitglieder sowie des Moderators finden. Die Fokussierung des Ansatzes auf den Moderator reduziert den Einarbeitungsaufwand für die Gruppenmitglieder, generiert notwendigerweise jedoch auch eine Abhängigkeit des Ansatzes von der Qualität des Moderators.

Wichtig ist hier auch noch zu erwähnen, dass die Verwendung einer Softwarelösung bzw. eines Werkzeuges die asynchrone wie auch die dislozierte KM besser unterstützt als ein moderier Ansatz, der einen wesentlich höheren Kommunikations- und Koordinationsaufwand im Falle einer asynchronen oder auch dislozierten KM zur Folge hat.

5 Schlussbetrachtung und Ausblick

Die Darstellung der verschiedenen KM Ansätze in dem konstruierten Referenzrahmen zeigt grundsätzlich zwei Richtungen des KM auf. Zum einen die Fokussierung auf moderierte Ansätze, welche den Gruppenteilnehmern in den meisten Situationen einen kompetenten Ansprechpartner zur Seite stellen. Dadurch reduziert sich der Einarbeitungsaufwand der Gruppenmitglieder deutlich und somit erhöht sich das Niveau der Teilnahme der Gruppenmitglieder. Zum anderen Ansätze, die auf technische Lösungen fokussiert sind, wobei die KM fast vollständig durch den Funktionsumfang einer derartigen Lösung abdeckt wird. Der Einarbeitungsaufwand der Gruppenmitglieder steigt in diesem Fall jedoch, da neben der Modellsprache auch noch der Umgang mit der Software bzw. dem Werkzeug gelernt werden muss, was eine geringere Teilnahmebereitschaft zur Folge haben kann.

Unter Betrachtung der Grundannahme, dass alle Gruppenmitglieder einen wertvollen Input liefern können und müssen - sonst wäre ihre Aufnahme in die Gruppe ohnehin fragwürdig, da der Bedarf der KM sich erst durch ein interdisziplinäres Problem, dass nur in einer Gruppe von Experten gelöst werden kann, generiert wird – stellt sich die Frage:

Wie lässt sich die Teilnahme der Gruppenmitglieder am besten sicherstellen?

Hier ist die direkte Mitentwicklung des Modells, wie es u.a. beim GMB und Enterprise Analysis praktiziert wird, hilfreich, da das direkte Feedback auf Vorschläge die Teilnahmemotivation erhöht. Auch erhöht sich das Identifikationspotential der Gruppenmitglieder mit dem Modell, weil das Modell als gemeinsames Arbeitsergebnis aufgefasst wird (Renger, Kolfschoten und de Vreede 2009, S. 72).

Ebenfalls noch diskussionswürdig ist die Entwicklung des Modellentwurfes. Gerade in dieser konzeptionellen Phase der Modellerstellung sind im hohen Maße analytische Fähigkeiten und Kenntnisse der Modellierung notwendig, welche nicht bei jedem Gruppenmitglied erwartet werden können (Renger, Kolfschoten und de Vreede 2009, S. 66). Das zur Verfügung stellen einer Softwarelösung allein wird hier mit hoher Wahrscheinlichkeit nicht ausreichend sein, um einen Modellentwurf zu entwickeln, auf den weitere Entwicklungsschritte aufbauen können. Die Entwicklung des Modells durch einen externen Experten kann hier helfen, kann jedoch auch zur Ablehnung des Modells durch die Gruppe führen, wenn das Modell ohne Rücksprache „diktiert" wird (Renger, Kolfschoten und de Vreede 2009, S. 72).

Des Weiteren ergeben sich auch noch weitere Forschungsbedarf bzgl. der dislozierten und asynchronen Bearbeitung von Modellen. Vor allem die Frage des Geschwindigkeitsvorteils sollte vor dem Hintergrund des sich stark erhöhenden Koordinations- und Kommunikationsaufwands kritisch beleuchtet werden.

Aufbauend auf diesen Feststellungen kann eine Orientierung der zukünftigen Forschung zum Thema KM die Möglichkeiten der Kombination der verschiedenen Ansätze darstellen. Vor allem die Aufgliederung der KM in zwei Phasen, den Modellentwurf und die Modellentwicklung/-anpassung, bietet Möglichkeiten, durch die Kombination der Ansätze von deren Stärken zu profitieren. So kann z.B. der Modellentwurf mittels eines moderierten PSM Ansatzes durchgeführt werden und die weitere Entwicklung erfolgt Software unterstützt. So wird ein hohes Maß an Teilnahme bei dem gemeinsamen Modellentwurf sichergestellt und anschließend wird durch Software gestützter KM die Entwicklung des Modells, bezogen auf Kommunikation und Koordination, effizient weitergeführt.

Literaturverzeichnis

Andersen, D. F., J.A.M. Vennix, G.P. Richardson, und E.A.J.A. Rouwette. „Group model building: problem structuring, policy simulation and decision support." *The Journal of the Operational Research Society*, vol. 58. iss. 5 2007: 691 - 694.

Anderson, David F., und Georg P. Richardson. „Scripts for group model building." *System Dynamics Review*, Vol. 13. No. 2 1997: 107 - 129.

Arnold, Patricia. *Kooperatives Lernen im Internet. Qualitative Analyse einer Community of Practice Im Fernstudium.* Münster: Waxmann, 2003.

Bartelt, Christian. *Kollaborative Modellierung im Software Engineering* . München: Dr. Hut, 2011.

Beasley, J. E. „http://people.brunel.ac.uk." kein Datum. http://people.brunel.ac.uk/~mastjjb/jeb/or/softor.html (Zugriff am 17. 11 2013).

Becker, Jörg, Christian Janiesch, und Jens Pöppelbuß. „Konfiguration kollaborativer Informationsmodelle." In *Multikonferenz Wirtschaftsinformatik 2008*, Herausgeber: Martin Bichler, Thomas Hess, Helmut Krcmar, Ulrike Lechner und Florian Matthes, 813 - 824. Berlin: GITO-Verlag, 2008.

Bornemann, Stefan. *Kooperation und Kollaboration - Das Kreative Feld als Weg zu innovativer Teamarbeit* . Wiesbaden: Springer VS, 2011.

Eden, C., und F. Ackermann. „Where Next for Problem Structuring Methods." *The Journal of the Operational Research Society*, Juli 2006: 766 - 768.

Ferstl, Otto K., und Elmar J. Sinz. *Grundlagen der Wirtschaftsinformatik* . 6. . München: Oldenbourg, 2008.

Fettke, Peter, Peter Loos, Wil M.P. van der Aalst, John Krogstie, und Constantin Houy. „Geschäftsprozessmanagement im Großen." *Wirtschaftsinformatik*, 06 2011: 377 - 381.

Gadatsch, Andreas. *Grundkurs Geschäftsprozess-Management - Methoden und Werkzeuge für die IT-Praxis: Eine Einführung für Studenten und Praktiker* . Wiesbaden: Springer Vieweg, 2012.

Galler, Jürgen . *Vom Geschäftsprozessmodell zum Workflow-Modell.* München: Betriebswirtschaftlicher Verlag Dr. Th. Gabler GmbH, 1997.

Haake, Jörg, Gerhard Schwabe, und Martin Wessner. *CSCL-Kompendium 2.0.* 2. Auflage. München: Oldenbourg Verlag, 2012.

Karle, Thomas. *Kollaborative Softwareentwicklung auf Basis serviceorientierter Architekturen* . Karlsruhe: KIT Scientific Publishing, 2012.

Krumeich, Julian, Dirk Werth, und Peter Loos. „Nutzung des Viewpoint-Konzepts zur Unterstützung kollaborativer Modellierung-Konzeption und prototypische Implementierung." In *Proceedings of the 11th International Conference on Wirtschaftsinformatik (WI2013)*, Herausgeber: Rainer Alt und Bodgan Franczyk, 1261 - 1275. Leipzig, 2013.

Renger, Michiel, Gwendolyn L. Kolfschoten, und Gert-Jan de Vreede. „Challenges in Collaborative Modeling: A Literature Review." In *Lecture notes in business information processing : LNBIP*, 61 - 77. Berlin: Springer, 2009.

Rittgen, Peter . „Collaborative Modeling - A Design Science Approach." In *System Sciences, 2009. HICSS '09. 42nd Hawaii International Conference on*, 1 - 10. 2009.

Rittgen, Peter. „COMA: A Tool for Collaborative Modeling." Montpellier: Proceedings of the Forum at the CAiSE'08 Conference, 2008.

Rosenhead, Jonathan, und John Mingers. *Rational Analysis for a Problematic World Revisited: Problem Structuring Methods for Complexity, Uncertainty and Conflict*. 2. Auflage. West Sussex: Wiley, 2001.

Staud, J. *Geschäftsprozessanalyse - Ergebnisgesteuerte Prozessketten und objektorientierte Geschäftsprozessmodellierung für Betriebswirtschaftliche Standardsoftware*. 3. Berlin Heidelberg: Springer, 2006.

Teufel, Stefanie, Christian Sauter , Thomas Mühlherr, und Kurt Bauknecht. *Computeruntersützung für die Gruppenarbeit*. Bonn: Addison-Wesley GmbH, 1995.

Wessner, Martin. „Ein kollaboratives Lernmodell für CSCL-Umgebungen." In *Information Age Economy*, von Hans Ulrich Buhl, Andreas Huther und Bernd Reitwiesner, 367-380. Heidelberg: Physica-Verlag, 2001.

Wood-Harper, A. T., Lyn Antill, und D. E. Avison. *Information systems definition: the Multiview approach*. Oxford: Blackwell Scientific Publications, Ltd, 1985.